Carsten Freitag

Die Gruppe der G7: Klassischer Hegemon oder neuartige Institution?

Zum Aufsatz "From Traditional to Institutionalized Hegemony" von Alison Bailin

GRIN Verlag

Bibliografische Information der Deutschen Nationalbibliothek:

Die Deutsche Bibliothek verzeichnet diese Publikation in der Deutschen National-
bibliografie; detaillierte bibliografische Daten sind im Internet über http://dnb.d-
nb.de/ abrufbar.

Impressum:

Copyright © 2002 GRIN Verlag GmbH
Druck und Bindung: Books on Demand GmbH, Norderstedt Germany
ISBN: 978-3-640-88549-7

Dieses Buch bei GRIN:

http://www.grin.com/de/e-book/44200/die-gruppe-der-g7-klassischer-hegemon-
oder-neuartige-institution

Universität der Bundeswehr Hamburg
Carsten Freitag
Politikwissenschaften
Jahrgang 2000

Die Gruppe der G7:

Klassischer Hegemon oder

neuartige Institution?

Literaturbericht

G8. Die Weltwirtschaftsgipfel: Entwicklung, Probleme, Perspektiven

23.638

1. Einleitung und Fragestellung

Dieser Literaturbericht beschäftigt sich mit dem Aufsatz „From Traditional to Institutionalized Hegemony" von Alison Bailin. Die hier verwendete Version ist vom Februar 2001 und stammt von der G8-Website der Universität von Toronto. Dr. Alison Bailin forscht derzeit an der Universität von Toronto mit der G8 Forschungsgruppe.

In einer von Globalisierung gekennzeichneten Welt stellt die Gruppe der sieben führenden Industrienationen (G7), mit den jährlichen Weltwirtschaftsgipfeln, eine Besonderheit dar. Die Besonderheit liegt zum einen in dem selbstgewählten Anspruch die globalisierte Weltwirtschaft zu steuern und auftretende Krisen zum eigenen Nutzen zu bewältigen. Zum anderen liegt sie in dem betont informellen Gefüge der Gruppe der G7.

Die Vereinigten Staaten, Kanada, Großbritannien, Frankreich, Deutschland, Italien und Japan bilden heute die G7. Weiterhin gehört Russland zur Gruppe der G8, es besitzt jedoch kein Stimmrecht. Auf den Weltwirtschaftsgipfeln werden unterschiedliche Themen behandelt wie z.B. gesamtwirtschaftliche Entwicklung, Währungspolitik, Welthandel, Energiepolitik, Nord-Süd-Probleme u.a.

Bei der Betrachtung dieser Tatsachen stellen sich viele Fragen. Wieso bilden gerade diese Staaten heutzutage die G7? Worauf gründet sich die Macht einer Gruppe von Staaten die sich absichtlich kein umfassendes formelles Gefüge geben will? Besonders interessant ist in Anbetracht dieser speziellen Voraussetzungen die Frage was die G7 eigentlich darstellt und wie es funktioniert.

Alison Bailin versucht in dem vorliegenden Beitrag eine Antwort auf diese letzte Frage zu geben. Dabei nutzt die Autorin die traditionelle intergouvernementale Hegemonietheorie und die Institutionalismustheorie als Ausgangspunkt für ihre Argumentation.

Dieser Literaturbericht versucht nun die Argumentation der Autorin kritisch nachzuvollziehen. Besonders interessant ist hier die methodische Herangehensweise an das Problem, sowie die Plausibilität der These. Die Gliederung orientiert sich daher am Aufbau des Beitrags.

2. Hauptteil

2.1 Theoretische Ausgangslage

Der erste Ansatz der Autorin ist theoretischer Natur. Zunächst verweist Bailin auf zwei anerkannte Theorien der internationalen Politik, die traditionelle Hegemonietheorie und die neoliberale Institutionalismustheorie.[1] Die beiden Theorien kommen zu unterschiedlichen Erklärungen für die gegenwärtige Situation der G7 in der internationalen Politik.

Nach der Hegemonietheorie gibt es immer eine Überlegenheit und Vormachtstellung eines Staates. Dieser Hegemon nutzt dabei seine überlegenen Kapazitäten, um die für eine kapitalistische Weltwirtschaft benötigten Güter wie Liquidität, offene Märkte und Investitionen bereitzustellen. Dementsprechend sind die Vereinigten Staaten immer noch die hegemoniale Hauptmacht, die die liberale Weltwirtschaftsordnung zusammenhält.[2]

Die Institutionalismustheorie hingegen betont die Notwendigkeit internationaler Institutionen mit festen Regeln wie z.b. die Weltbank, die Welthandelsorganisation (WHO) und der Internationale Währungsfond (IWF). Diese Institutionen, nicht der Hegemon, regulieren die Weltwirtschaft mit Hilfe wirtschaftlich mächtiger Staaten.[3]

Diese Theorien können jedoch den status quo nicht hinreichend erklären. Die USA sind nicht mehr in der Lage alle Anforderungen an die hegemoniale Macht allein zu erfüllen. Auch wenn sich die Wissenschaft darüber streitet wie weit die amerikanische Wirtschaftsmacht geschrumpft ist, steht fest, dass andere Mächte, wie z.b. die EU und Japan, stärker geworden sind. Diese Staaten erkennen, dass es notwendig ist zu kooperieren, um das bestehende Weltwirtschaftsgefüge zu erhalten. Was die bestehende Hegemonietheorie nicht erklären kann ist, warum die Staaten nicht die eigentlich effizienteste Lösung wählen indem sie Cheating-Anreize nutzen und weitestgehend Trittbrettfahren.[4]

Die existierenden internationalen Institutionen sind aufgrund ihrer Größe nicht effizient genug um das Defizit der schrumpfenden Vereinigten Staaten ausgleichen zu können. Der Institutionalismus hält trotzdem nutzbare Ideen parat. Es wird mit

---

[1] Vgl. Alison Bailin: From Traditional to Institutionalized Hegemony, S. 3
[2] Vgl. ebd., S. 3
[3] Vgl. ebd., S. 3
[4] Vgl. ebd., S. 5 ff.

„coordination games"[5] beschrieben wie sich Staaten verhalten können, wenn sie versuchen gemeinsam internationale Stabilität zu schaffen. Leider gibt es nach Bailin drei Erklärungslücken. Erstens wird die Signifikanz der Macht außer Acht gelassen. Diese muss von den Großmächten geliefert werden, denn ohne ausreichende Macht kann keine Stabilität erzeugt werden. Zweitens fehlt großen internationalen Organisationen die Flexibilität um Krisen schnell zu bewältigen. Drittens können die meisten Situationen mit Cheating-Anreizen mittels coordination games nicht gelöst werden. Doch gerade dieser Natur sind die meisten Fälle von internationaler Zusammenarbeit.[6]

Wie lässt sich dann die momentane globale Situation erklären und welche Rolle spielt die Gruppe der sieben?

Zur Beantwortung dieser Fragen führt Alison Bailin die Theorie der institutionalisierten Hegemonie ins Feld. Laut dieser Theorie können Großmächte zusammenarbeiten, wenn bestimmte institutionelle Voraussetzungen erfüllt sind. Die Großmächte haben zusammengenommen die notwendigen hegemonialen Kapazitäten, um internationale Wirtschaftskrisen zu bewältigen.

In der Theorie der institutionalisierten Hegemonie führt die Autorin die beiden o.g. Theorien, die einzeln unzureichend bleiben, zu einer kombinierten Theorie zusammen.[7]

Die Autorin hat sich dem Thema theoretisch genähert und die Schwächen zweier gegensätzlicher Theorien aufgezeigt. Im nächsten Schritt kombiniert Sie die Stärken der beiden Ansätze miteinander, um so einen Mechanismus zu schaffen der die Zusammenarbeit großer Mächte erklären kann.

2.2 Institutionalisierte Hegemonie als neues Konstrukt

Die Theorie der institutionalisierten Hegemonie beschäftigt sich im wesentlichen mit der Frage wie Großmächte durch bestimmte institutionelle Arrangements zu effizienten Kooperationsergebnissen gelangen.

Aus der Hegemonietheorie stammt die Notwendigkeit von überlegener wirtschaftlicher Macht ohne die eine liberale Weltwirtschaftsordnung nicht erhalten werden kann. Diese Macht können die führenden westlichen Industrienationen nur gemeinsam aufbringen. Bei der notwendigen Zusammenarbeit und den

---

[5] Ebd., S. 6
[6] Vgl. ebd., S. 6 ff.
[7] Vgl. ebd., S. 4

dazugehörenden Verhandlungen stellt sich das Problem des Cheatings und Trittbrettfahrens. Eben diese Probleme werden durch Elemente des Institutionalismus gelöst. Mittels spezieller institutioneller Regeln wird der Cheating-Anreiz verringert. Gefördert wird das Vertrauen durch eine begrenzte Staatengruppe, die übereinstimmende Interessen besitzt. Die Beziehungen untereinander müssen vertrauensvoll sein und es muss einen Mechanismus geben, der ein Abspringen verhindert.[8]

Alison Bailin ist der Überzeugung, dass eine derart ausgestaltete institutionelle Hegemonie in der Lage ist als globaler, wirtschaftlicher Stabilisator aufzutreten. Ihrer Ansicht nach stellt die Gruppe der sieben eine eben solche Machtgruppierung dar.

Der nächste Schritt in der Argumentation der Autorin ist die Anwendung der Theorie auf den konkreten Fall der G7. Dazu betrachtet Sie die Mechanismen die, nach dem Modell, die Kooperation der Großmächte zustandebringen. Die sechs Mechanismen stammen entweder aus einer der beiden Ursprungstheorien oder können beiden zugeordnet werden.

Im folgenden soll die Beschreibung der Mechanismen nachvollzogen und bewertet werden.

2.2.1 Globale Machtkonzentration

Die Konzentration globaler wirtschaftlicher Macht ist gleichzeitig hegemonialer wie institutioneller Herkunft.[9] Es ist eine strukturelle Vorraussetzung, die die Größe und die Zusammensetzung der sogenannten „k-group"[10] bestimmt. Diese kleine Anzahl von Staaten ist zusammen in der Lage öffentliche Güter ohne Hilfe anderer zur Verfügung zu stellen. Eine große k-group scheitert an organisatorischer Ineffizienz, dem großen Cheating-Anreiz und einer unzureichenden Sanktionierung für Abweichler. Die Macht muss sich daher in wenigen Händen konzentrieren.[11]

Nach den bisherigen theoretischen Überlegungen geht Bailin nun dazu über, ihre These mit empirischen Daten zu belegen. Es geht darum zu belegen, dass es eine k-group mit überlegener Macht gibt und aufzuzeigen, welche Staaten dazugehören. Als Indikatoren bestimmt die Autorin das Bruttoinlandsprodukt, die Geldreserven, Importe, Exporte und Direktinvestitionen im Ausland. Sie nutzt

---

[8] Vgl. ebd., S. 7
[9] Vgl. ebd., S. 9
[10] Ebd., S. 10
[11] Vgl. ebd., S. 10

ebenfalls die von Ray und Singer vorgeschlagene Methode zur Bestimmung der Konzentration von wirtschaftlicher Macht.[12]

Ohne die angeführten Daten hier nachprüfen zu können, zeigen sie eine stetige, erhebliche Konzentration von Macht in den Händen der G7-Staaten. Sie zeigen ebenfalls den bereits theoretisch angedeuteten Machtverlust der Vereinigten Staaten und einen entsprechenden Anstieg bei den restlichen G7-Staaten. Heute zu beachten ist, dass die letzten Daten von 1998 stammen.[13]

Der Faktor der wirtschaftlichen Macht unterstützt demnach Bailins Theorie. Denn die G7 besitzen nur noch als Gruppe genügend Wirtschaftskraft, um hegemonial stabilisierend auftreten zu können. Sie sind daher gezwungen zu kooperieren.[14] Die Konzentration wirtschaftlicher Macht stellt nicht nur einen Mechanismus der Theorie dar, sondern auch ein wichtiges Argument, sowie einen Beleg für die Theorie.

2.2.2 Gruppenidentität

Der zweite Mechanismus ist die Gruppenidentität. Die Gruppenidentität erfüllt mehrere Aufgaben. Über diese Identität wird die Gruppe international wahrgenommen, die benötigte Aufmerksamkeit wird durch die jährlichen Gipfel hergestellt. Die Staaten präsentieren sich als Mitglieder eines elitären Klubs derer, die in der Lage sind die Weltwirtschaft zu leiten.[15]

Die zweite Wirkung der Identität ist funktioneller Art. Den Mitgliedern wird klar, dass es auf jeden einzelnen ankommt, wenn Erfolge erzielt werden sollen. In einer derart kleinen Gruppe sind die Auswirkungen der Handlungen jedes einzelnen Teilnehmers besonders sichtbar. Wichtig ist ebenfalls, dass Abspringen oder Trittbrettfahren nicht mehr die zweckmäßigste Lösung ist. Denn wenn ein Minimalkonsens zur Zusammenarbeit gefunden wurde, geht kein Staat mehr das Risiko ein, nur ein Geberland zu sein. Gruppenidentität verringert die Ungewissheit, die bei vielen Verhandlungen eine Rolle spielt. Durch die jährlichen Treffen wird ebenso eine persönliche Vertrauensbasis zwischen den politischen Führern gefördert.[16]

---

[12] Vgl. ebd., S. 10
[13] Vgl. ebd., S. 11 ff.
[14] Vgl. ebd., S. 16
[15] Vgl. ebd., S. 16 ff.
[16] Vgl. ebd., S. 17

Alison Bailin argumentiert hier wieder theoretisch abstrakt. Zur Unterstützung der Argumentationskette bringt Sie zusätzlich Beispiele und Experimente bei. So wird die von ihr beschriebene Wirkung der Gruppenidentität nachvollziehbarer.[17]

2.2.3 Kapitalistische Demokratien

Als letzte hegemoniale Voraussetzung benötigt eine Gruppe von Staaten ein gemeinsames Interesse als Grund für eine Zusammenarbeit. Dieses Interesse liegt laut Bailin in der Aufrechterhaltung der kapitalistischen Weltwirtschaft. Dieses Ziel verfolgt der Hegemon, weil er seinen Reichtum aus eben diesem System schöpft, in dem er große Macht besitzt. In jedem Mitgliedsstaat existieren starke kapitalistische Sektoren, die einen Einfluss auf die Regierungen ausüben.[18]

Kapitalistische Demokratien teilen dieses Interesse an einer liberalen Weltwirtschaftsordnung. Aufgrund der in Demokratien vorhandenen Werte sind kriegerische Konflikte unter ihnen höchst unwahrscheinlich. Daher fällt ihnen eine Zusammenarbeit auf internationaler Ebene verhältnismäßig leicht.[19]

Die Argumente der Autorin sind logisch. Dennoch gelingt es ihr nicht, einen eindeutigen Beleg für ihre Einschränkung der Mitgliedschaft auf kapitalistische Demokratien anzubringen. Nicht-demokratische Staaten können ebenfalls ein Interesse an globaler Liberalisierung haben. Ebenso können sie in der Lage sein, mit anderen Staaten friedlich in diesem Sinne zusammenzuarbeiten. Bailins Argument, dass nur demokratische Staaten dazu in der Lage sind, verliert damit an Kraft.

Nachdem sie sich mit den hegemonialen Teilen ihrer Theorie beschäftigt hat, wendet sie sich nun den institutionellen Aspekten zu. Zuerst versucht die Autorin zu begründen warum es zur Bildung von institutionellen Mechanismen kam. Sie konstatiert, dass die USA während des Abnehmens ihrer wirtschaftlichen Macht institutionelle Gefüge schafften, um andere Großmächte in die Erhaltung der Weltwirtschaftsordnung einzubinden. Dies führte zu einer Art burden sharing, zur Verringerung der Kosten des Hegemons und zur Entwicklung der Gruppen-Hegemonie.[20]

Demnach liegt es im hteresse der Staaten, ihre Zusammenarbeit zu einem gewissen Maße zu institutionalisieren, da Institutionen in der Lage sind

---

[17] Vgl. ebd., S. 17
[18] Vgl. ebd., S. 18
[19] Vgl. ebd., S. 18

Verhandlungsprozesse zu strukturieren. „Institutionalizing collaborative efforts is functional and practical."[21]

Obwohl die Argumentation auch hier schlüssig ist, stellt sich die Frage, ob die G7 eine Institution darstellt. Die Gruppe der Sieben wird oft gerade deswegen als besonders bezeichnet, weil hier eine Institutionalisierung bewusst klein gehalten wird.

2.2.4 Der Vorbereitungsprozess

Die jährlichen Weltwirtschaftsgipfel werden mittlerweile genau vorbereitet. Die Sherpas genannten, aus Spezialisten bestehenden Teams, diskutieren Prioritäten, strukturieren die Agenda der Gipfel und stellen ein vorläufiges Gipfel-Kommuniqué fertig.[22]

Während des Vorbereitungsprozesses tauschen die Staaten Informationen aus und legen ihre Standpunkte dar. So kann später ein schnelleres und besseres Ergebnis erzielt werden. Außerdem erzeugt eine derartige Zusammenarbeit Vertrauen.

Bailin belegt ihre Überlegungen mit den Aussagen von Beteiligten, diese sprechen von einer entspannten, vertrauensvollen Atmosphäre während der Treffen.[23]

2.2.5 Ein System der Interaktion zwischen Großmächten

Der zweite institutionelle Mechanismus befasst sich mit der Auseinandersetzung der Staaten untereinander. Demnach ist ein System aus regelmäßigen- und ad hoc-Treffen zwischen Vertretern unterschiedlicher Regierungsebenen hilfreich bei der Stabilisierung der Weltwirtschaft. Je höher die Institutionalisierung, desto wahrscheinlicher ist eine vertrauenswürdige Zusammenarbeit. Die Akteure lernen ihren Partnern zu vertrauen, damit werden Überwachungs- und Strafmechanismen hinfällig. Durch kurzfristig einberufene Treffen kann flexibel auf aktuelle Probleme reagiert werden. Diese wiederum sind effektiv, da schon eine Vertrauensbasis existiert.[24]

---

[20] Vgl. ebd., S. 19
[21] Ebd., S. 19
[22] Vgl. ebd., S. 19 ff.
[23] Vgl. ebd., S. 20
[24] Vgl. ebd., S. 20 ff.

Multilaterale Institutionen haben meist das Problem nur für ein Aufgabengebiet geschaffen zu sein. Die institutionalisierte Hegemonie hat demgegenüber den Vorteil, viele unterschiedliche Aufgaben behandeln zu können und Paketlösungen zu schnüren.[25] Alison Bailins theoretische Argumentation hat hier einen Schwachpunkt. Zwar bringt sie ein Beispiel für ein erfolgreiches Ministertreffen, doch das theoretische Konstrukt lässt Zweifel zu. Laut der Theorie, führt ein höherer Institutionalisierungsgrad zu einer verbesserten Zusammenarbeit. Innerhalb der G7 ist ein derartiger Prozess feststellbar. Jedoch ist man besonders bemüht, eine starke Institutionalisierung gar nicht erst stattfinden zu lassen. Gute Ergebnisse wurden meist dann erzielt, wenn informell gehandelt wurde. Ein Beispiel ist hier der Gipfel in Bonn 1978. Es zeigt sich hier ein gewisser Widerspruch in Bailins Theorie.

2.2.6 Die Dokumentation

Durch die Dokumentation der erzielten Ergebnisse werden die beteiligten Staaten an ihre Entscheidungen gebunden, da sie öffentlich Rechenschaft geben müssen. Dies verkleinert auch den Anreiz auf Kosten anderer wieder auszusteigen. Weiterhin verhindert eine Dokumentation das entstehen von Missverständnissen.[26]

Es stellt sich hier die Frage, warum eine Zusammenarbeit die derart auf Verständnis und Vertrauen baut, eine detaillierte Dokumentation benötigt, um den anderen zur Rechenschaft ziehen zu können.

2.3 Die G7. Eine institutionelle Hegemonie?

Kooperieren die Staaten der G7 um internationale Krisen zu bewältigen? Mit der Beantwortung dieser Frage sucht Alison Bailin ihre Theorie zu stützen. Sie präsentiert Beispiele die nahe legen, dass die G7 als Stabilisator der Weltwirtschaft fungieren.[27]

Das erste Beispiel der Autorin in der Bonner Gipfel von 1978. Dort ging es um die Probleme die das Zusammenbrechen des Bretton Woods Systems, der erste Öl-Schock und die Inflation verursacht hatten. Die dort ausgehandelten Maßnahmen wären nie verwirklicht worden, wenn nicht Teile der institutionellen Hegemonie bereits existiert hätten. Laut Bailin gab es für jeden Teilnehmer große Cheating-

---

[25] Vgl. ebd., S. 21
[26] Vgl. ebd., S. 21 ff.
[27] Vgl. ebd., S. 22

Anreize, doch die Aussicht auf den nächsten Gipfel und die öffentliche Dokumentation sicherten die Umsetzung.[28]

1979 zwangen die europäischen Staaten die USA, Kanada und Japan eine gemeinsame G7-Ölpolitik zu betreiben. Es waren demnach nicht die Vereinigten Staaten, die den Hegemon ausmachten.[29]

Anhand der Bewältigung der Aktienmarkt-Krise von 1987 zeigt Bailin, wie das institutionelle Fundament der G7 bei der Zusammenarbeit half. Weitere Beispiele sind die mexikanische Peso-Krise und die Asien-Krise. Es zeigt sich hier jedoch auch, dass sich die G7 am besten zur Lösung makroökonomischer Probleme eignet. Das Verhindern von Problemen gehört nicht zu den Stärken der Gruppe.[30]

Alison Bailin schließt ihre Arbeit mit Schlussfolgerungen aus ihrer Untersuchung ab. Ihrer Ansicht nach handelt die Gruppe der sieben als „group hegemon"[31] zur Stabilisierung von großen wirtschaftlichen Krisen und zur Erhaltung der liberalen Weltwirtschaftordnung. Der Zyklus vom Aufstieg und Fall von Hegemonien wurde durch das Entstehen des group hegemon unterbrochen. Es ist unwahrscheinlich, dass eine Macht wieder so stark wächst, um alleine zu dominieren. Ein Zusammenschluss einer neuen Gruppe ist aufgrund der Macht der G7 und dem Nutzen den sie daraus ziehen ebenso nicht zu erwarten. Ein Zusammenbruch der Gruppe ist hauptsächlich von innen zu erwarten, wenn die sechs in der Theorie festgelegten Kriterien verletzt werden, z.B. durch protektionistische Maßnahmen.

Der Wehrmutstropfen der Theorie ist die fehlende allgemeine Anwendbarkeit. Dennoch ist das Modell nutzbringend bei der Erklärung der Zusammenhänge zwischen zwei der wichtigsten internationalen Faktoren: Macht und Institutionen.

3. Bewertung / Schlussbetrachtung

Alison Bailin entwickelt eine spezialisierte Theorie zur Erklärung des Phänomens der G7. Dazu bezieht sie sich zunächst auf die beiden anerkannten

---

[28] Vgl. ebd., S. 22 ff.
[29] Vgl. ebd., S. 23
[30] Vgl. ebd., S. 23 ff.
[31] Ebd., S. 25

Theoreme der traditionellen Hegemonie und des Institutionalismus. Sie betrachtet die Erklärungsschwächen der beiden Modelle bezüglich dieses speziellen Problems. Indem sie die erklärungsstarken Teile der beiden Theorien zusammenfügt, entwickelt eine neue Theorie. Danach erläutert sie die Kriterien ihrer neuen Theorie. Zum Schluss stützt sie das Modell, indem sie durch Beispiele die Wirkung der Theorie darstellt.

Der Ansatz der Autorin ist fast durchweg theoretisch argumentativer Natur. Empirische Belege kann Sie aufgrund der Datenlage nur beim Punkt der Machtkonzentration anbringen. Die theoretischen Überlegungen werden oft von anschaulichen Beispielen erläutert. Die Argumentation ist insgesamt nachvollziehbar und leicht verständlich.

Die Herangehensweise an das Thema ist geschickt gewählt. Indem Bailin zuerst die Schwächen der zwei großen Theorien aufzeigt, wird gut in das Thema eingeführt, außerdem wird das Verständnis der zusammengesetzten neuen Theorie erleichtert. Hier ist jedoch auch die erste Kritik zu üben. Die Autorin lässt außer den beiden Theorien am Anfang andere Erklärungsansätze außer Acht. Es wird der Eindruck vermittelt, als gäbe es letztlich nur diese beiden Erklärungsansätze.

Bailin stützt sich ausschließlich auf bereits vorhandene Erkenntnisse. Die erläuterten Argumente sind nicht neu, sondern zu einer Theorie neu kombiniert. Das die Stücke aus denen das neue Modell zusammengesetzt ist bereits etabliert sind, erhöht die Plausibilität erheblich.

Dennoch hat ihre Argumentation, wie bei der Analyse gezeigt, hin und wieder Schwächen.

Erläuternd muss hinzugefügt werden, dass Bailins group hegemon keine Institution im eigentlichen Sinne ist. Die Institutionalisierung der G7 bleibt im Vergleich zu richtigen internationalen Institutionen (WTO, IMF, etc.) nur rudimentär.

Insgesamt hat Alison Bailin mit der institutionalisierten Hegemonie ein plausibles, anwendungsfähiges Modell erstellt, dass zur Erklärung des Phänomens der G7 beiträgt. Die G7 sind also weder ein klassischer Hegemon, noch eine neuartige Institution, sondern stellen eine institutionalisierte Hegemonie dar.

4. Literaturverzeichnis

Bailin, Alison: From Traditional to Institutionalized Hegemony, Februar 2001